Impressum

© 2016 Christel Kemmler

1. Auflage 2016

Buchcover: Christel Kemmler

Buchsatz und Erstellung des E-Books: Kemmler

<u>Bildquellen</u>:
privat

Kontakt: <u>ckemmler@t-online.de</u>

Die Autorin ist unter folgender Adresse postalisch erreichbar:
Christel Kemmler
Breite Str. 10
D-91207 Lauf

Herstellung und Verlag:
BoD - Books on Demand, Norderstedt
ISBN 9783741297175

Dieses Werk ist urheberrechtlich geschützt. Jede Verwertung ist ohne Zustimmung der Autorin unzulässig.

Hinweis:
Der vorliegende Text ist sorgfältig erarbeitet worden. Alle Angaben erfolgen ohne Gewähr. Für eventuelle Nachteile, die aus den im Text gegebenen Hinweisen resultieren, wird keine Haftung übernommen.

Inhaltsverzeichnis

.... 3
Impressum 5
Vorwort 7
Die Seele baumeln lassen 9
Wintertag 19
Barfuß 34
Goldener Herbst – die Zeit der Reife 39
Wetterkapriolen? Mach´ was draus! 45
Grenzen überwinden 53
Weihnachtsgans im Holzofen 59
Der letzte Abend 65
Kraft tanken 69
Was es noch zu sagen gibt 72
Nachwort 74
Hüttenplaner für alle, die jetzt Ernst machen wollen 76
Checkliste (für 2 Personen / 2 Wochen) 76
Fundgrube für Berghütten 80

Vorwort

Hüttenurlaub ist etwas ganz Besonderes. Urlaub ist ja ohnehin die Ausnahmezeit des Jahres. Abschalten, entspannen, erholen. Mal etwas tun, was man im Rest des Jahres nicht macht.

Und das in einer Berghütte?

Nicht wirklich vorstellbar, wenn man Urlaub verbindet mit Komfort und Sich-bedienen-lassen, Betten machen zu lassen, sich zu den Mahlzeiten an den gedeckten Tisch zu setzen. Aufräumen und gar noch das Klo putzen? Wer an diese Alltagsdinge denkt und glaubt, er könne dann besser gleich zu Hause bleiben, für den ist Hüttenurlaub ganz sicher nicht das Richtige.

Was ihm dann allerdings an Schönem und Erlebenswertem verlorengeht, davon erzählen die Geschichten in diesem kleinen Buch. Gerade wenn uns der normale Alltag mit all seinen Annehmlichkeiten „verwöhnt", wir dank moderner Technik *immer (!) alles(!) gleich sofort(!)* machen oder haben können, wie schön muss es dann sein, wenn das mal nicht so ist. Denn ist es nicht der „normale Alltag", der uns reif macht für den Urlaub?

Die Seele baumeln lassen

Es ist zehn Minuten nach drei am Nachmittag, als sich die Prophezeiung von Radio Salzburg erfüllt: Die Sonne quält sich durch eine nicht enden wollende Schicht aus dicken Regenwolken und lässt erste zarte Strahlen erahnen. „Der Regen lässt langsam nach, und es wird zunehmend freundlich," frohlockt der Nachrichtensprecher. Wer hätte das heute Morgen gedacht?

Ach, heute Morgen…

Ich werde geweckt durch das Scheppern des Aschekastens. Muss ja auch mal geleert werden, denkt sich Wolfgang, mein Allerliebster, schon vor dem Frühstück und verbreitet damit ungeahnten Aktionismus. „Regen. Drei Grad." Mit diesen Worten kehrt er wenig später in die Schlafstube zurück.

Nur ein schwerer Stoffvorhang trennt diesen Bereich von der Wohnstube unserer kleinen Hütte. Ich liebe diese blauweiß karierte Bettwäsche, in die ich mich noch einmal tief einrolle. Und ich liebe es, dass die Hüttenwirtin noch die Lammfellauflagen auf den Matratzen gelassen hat. Tag fünf unseres Urlaubs beginnt. Sonne? Bisher Fehlanzeige. Es ist Ende Mai.

Zum Jahreswechsel waren wir das letzte Mal hier. Erstmals über die kompletten Feiertage. Weihnachtsgans im Holzofen – eine gelungene Premiere! Und wieder war es so schön, dass wir schon vor der Abreise den neuen Urlaub hier gebucht hatten.

Dazwischen ist eine Menge passiert. Seit Monaten hatten wir den Verkauf unseres großen Wohnhauses vorbereitet. Die Kinder waren nach und nach ausgezogen, die letzten zwei vor einem knappen Jahr. Räume standen leer, die Akustik auf einzelnen Ebenen wirkte erschreckend hohl. Was lag näher, als jetzt in die kleine Eigentumswohnung umzusiedeln, in die schon vor Jahren für genau diesen Moment investiert wurde?

Die Theorie in die Praxis umzusetzen bedeutete für uns neben der Überwindung emotionaler Hürden einen unglaublichen Kraftakt. Mit fast sechzig ist der Körper längst nicht mehr so fit wie vor zwanzig Jahren. „Knackig" im Sinne unangenehmer Bewegungsgeräusche sind dann eher die Hüften und Bandscheiben. Immerhin – Hausübergabe an den neuen Besitzer war vor zehn Tagen. Dann noch eine knappe Woche das neue Domizil herrichten. Und jetzt sind wir hier. In unserer Hütte. Berge, Ruhe, Abgeschiedenheit. Keine Straße führt hier herauf. Als wir ankommen, gehen Wolfgang und ich buchstäblich auf dem Zahnfleisch. Nicht wegen der Anreise, sondern wegen all der Plage und Mühe, bis wir endlich unsere Rucksäcke für den Urlaub packen konnten.

Leichter Schnee säumt bei unserer Ankunft die Hütte. Wir waren vorgewarnt, was uns wettermäßig hier erwartet. Und genau darauf haben wir uns gefreut. Ausschlafen, gemütlich frühstücken, den lieben Gott einen guten Mann sein lassen.

Ich höre das leise Knacken von brennendem Holz im Ofen. Ach, wenn ich Wolfgang nicht hätte! Wenn wir hier oben sind, kümmert er sich, dass es zum Frühstück kuschelig warm in der Stube ist. Die Kaffeemaschine röchelt, und der frische Kaffeeduft zieht bis in den Schlafraum. Es wird ein wenig heller, als Wolfgang die Fenstervorhänge zurückzieht. Doch der übliche Blick auf die Berggipfel auf der anderen Seite des Tales bleibt verstellt. Tiefe Wolken haben alles in einen undurchsichtigen Schleier gehüllt. Ich stelle mir vor, dass uns gerade die „Wolke 7" umhüllt. Und als hätte er meine Gedanken erraten, robbt Wolfgang zielsicher unter meine Bettdecke. Mein kurzer Protest beschränkt sich allerdings auf seine Hände. Obwohl seit dem letzten Jahr auch das Handwaschbecken mit Warmwasser ausgestattet wurde, nutzt Wolfgang gewohnheitsmäßig immer das Kaltwasser zum Händewaschen.

Ein letzter Versuch, ihn zu stoppen: „Du hast nicht zufällig schon die Brötchen im Backofen?" Keine Gefahr – nichts, was ein paar Kuschelmomente stören könnte. Wir genießen die Ruhe und konzentrieren unsere Aktivität allein darauf, Entspannung zu finden. Kein Telefon. Kein Termin. Kein Zeitdruck. Mit allen Sinnen im Hier und Jetzt.

Eine gute Stunde später sitzen wir am Frühstückstisch. Natürlich gibt es auf der rustikalen Holzbank keine reservierten Plätze. Doch die Macht der Gewohnheit lässt uns immer gleich sitzen: Über Eck, jeder hat seine persönliche Aussicht nach draußen. Ich blicke auf die steil ansteigende Alm, die unsere Hütte umgibt und im oberen Bereich nach Süd-Osten von dunklen, hochgewachsenen Tannen gesäumt wird. So gerade noch in meinem Blickfeld steht der imposante Ahornbaum. Hochgewachsen, mächtig und doch anmutend in seiner ovalen Kronenform, als wäre er in seiner Jugendzeit von Menschenhand so ausgerichtet worden. Die unteren knorrigen Zweige reichen bis auf den Boden hinab. Weil sich aber auch hier die Wiese talwärts gen Westen neigt, bietet sich unter dem Schutz der Krone ein hervorragender Meditationsraum. Natur pur.

Wolfgang schaut von seinem Platz auf der Eckbank Richtung Westen. Die Wiese fällt weiterhin steil ab bis hinunter in das kleine Dorf, in dem vermutlich mehr Tiere als Menschen leben. Manchmal kommen von dort die Gänse in ihrem sprichwörtlichen Marsch bis zur Hütte hinauf. Wir hören das Wiehern der Pferde, das Hahnkrähen in der Frühe und vor allem das Rauschen des Wassers, das aus dem gegenüberliegenden Gebirgsmassiv hervorbricht und sich seinen Weg bis ins Tal bahnt.

So beginnt regelmäßig unser Tag, und das kann – wenn nicht gerade eine größere Wanderung geplant ist – durchaus die fortgeschrittene Tagesstunde sein. „Morgen", so versichere ich es Wolfgang während des ersten Brötchens, „werden wir im Sonnenschein vor der Hütte frühstücken." Er ist noch ein wenig skeptisch. Er kennt meine Neigung, dass ich gerne Recht behalte, und fürchtet deshalb, dass es dann vor der Nachmittagskaffeestunde kein Frühstück geben wird.

Nein, nach fünf Tagen Schnee, Regen und Kälte sind wir beide mittlerweile so gut erholt, dass wir den Rest unseres Urlaubs auch etwas aktiver angehen können. Etwas. Nur keine Mordstouren! Hüttenurlaub beflügelt die zwischenmenschliche Harmonie. Bei allem, was wir tun – oder auch nicht tun – wollen, gibt es kaum Diskussionen. Auch so ein Phänomen, das ich manchmal zu Hause vermisse. Woran liegt das bloß?

Es hat tatsächlich aufgehört zu regnen. Die Schlechtwetterfront verschiebt sich nach Norden. Es wird heller. Es wird wärmer. Das Thermometer hat soeben die Zehn-Grad-Marke geknackt. Der Bestand des ofenfertig zugeschnittenen Brennholzes im angrenzenden Stadl ist bedenklich geschrumpft. Wenn die Wettervorhersage für die nächsten Tage stimmt – immerhin bis 27 Grad plus – reichen die Vorräte aber auf jeden Fall zum Kochen. In einem der letzten strengen Winter haben wir versucht, über Nacht durchzuheizen. Macht Sinn bei minus 20 Grad. Dann ist auch schon mal Holz hacken angesagt. Kleinholz zum Anschüren. Für Kopfarbeiter, wie Wolfgang und ich es sind, eine tolle Erfahrung; denn man sieht sofort, was man geleistet hat.

Kochen ist auf der Hütte übrigens eine super Sache, aber auch eine echte Herausforderung. Vor allem, wenn man eine Voll-Komfort-Küche von daheim gewohnt ist. Die „Temperatur-Regelung" geht dann eben nicht auf Knopfdreh, sondern man muss ordentlich einschüren, um überhaupt Kochtemperaturen zu erreichen. Und dann gilt es einfach herausfinden, welche Stelle auf der Herdplatte sehr heiß oder weniger heiß wird. Alles Erfahrungssache und am Ende weit weniger kompliziert als angenommen.

Vielleicht ist das Kochen am Holzofen deshalb so reizvoll, weil es für Menschen unserer Generation Kindheitserinnerungen weckt. Unsere Mütter, noch eher unsere Großmütter, kannten es nicht anders. Die moderne Gesellschaft bewahrt sich diese „Nostalgie" heute darin, sich ein loderndes Feuer im hauseigenen

Kamin oder Kachelofen zu schüren. Kochen über Feuer ist natürlich aufwändiger, aber für den, der es mag, gibt es ja die Urlaubszeit. Das Essen wird direkt vom Herd auf den Tisch serviert. Aus der Pfanne oder aus dem Topf geht's auf den Teller. Da ist kein Platz für Deko.

Die von der Hüttenwirtin liebevoll arrangierte Tischdecke ist das erste, was nach unserer Ankunft verräumt wird. Erstens bleibt so die hübsche Decke sauber und kann am Urlaubsende wieder aufgelegt werden. Zweitens muss ich nicht auf die Verträglichkeit mit frisch vom Herd hereinschwebenden heißen Kochwerkzeugen achten. Außerdem ist so über die gesamte Urlaubszeit die geschrubbte rustikale Tischplatte sichtbar, was wesentlich zur urigen Hüttenatmosphäre beiträgt.

So langsam wird's Zeit für das Abendessen. Jetzt um 17 Uhr 30 werden die blauen Flecken am Himmel größer, und der Schnee auf dem Ritterkopf glitzert in der Frühabendsonne. Ach ja, die blauen Flecken, die mir die ungewohnten Handwerkerarbeiten der letzten Wochen eingebracht haben, sind alle verschwunden. Und ja! Ab morgen geht's raus in die Natur.

Im Radio läuft gerade „Was für 'n verdammt guter Tag. Diesen Moment kann uns keiner nehmen...." Keine

Ahnung wer das singt, aber es klingt gut. Nur die Lautstärke am Transistor nimmt rapide ab. Da müssen wohl neue Batterien her. Macht nichts, so lange es uns gelingt, unsere eigenen Batterien so einfach und effizient wieder aufzuladen.

Wintertag

Heute ist Sonntag. Es ist Mitte Januar. Der Weihnachtsrummel ist vorbei, und Fasching liegt in sicherer Entfernung. Eine gute Zeit für Urlaub, wenn man auf Schulferien keine Rücksicht mehr nehmen muss.

Es hatte die ganze Nacht geschneit. Der starke Wind hatte sein Übriges getan, denn von dem Fußweg, den wir uns über die letzten Auf- und Abstiege vom Tal bis hinauf zur Hütte in den Schnee gearbeitet hatten, war nichts mehr zu erkennen.

Das Feuer prasselt im Ofen und verbreitet eine kuschelige Wärme in der Stube. Noch während wir frühstücken, blitzt die Sonne hinter den Tannen an der Ostseite hervor. Es ist mit minus 18 Grad sehr kalt, aber bei dem strahlend blauen Himmel wollen wir später auf jeden Fall hinaus in die Natur.

Die Zeit unserer Ski-Aktivitäten liegt hinter uns. Ein folgenschwerer Sturz hatte seinerzeit zu einem jähen Ende geführt. Zuschauen gelingt mittlerweile auch ohne Wehmut. Die Funktionsunterwäsche von damals erfüllt heute noch immer hervorragende Dienste, wenn uns die Natur – auch ohne Brettl – bei einem Wetter wie heute hinauslockt.

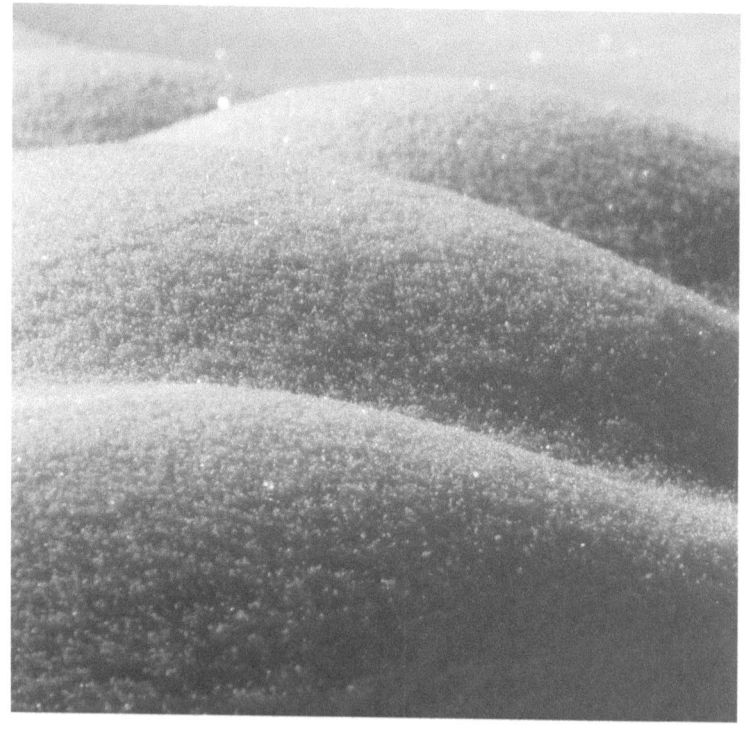

Was für ein Anblick! Die Schneeverwehungen haben putzige Figuren in die Oberfläche gezaubert. Es entwickelt sich ein lustiges Rätselraten über die mehrdeutigen Absichten der Natur. Schön, dass Lachen zu unseren Lieblingssportarten gehört. Denn die zauberhafte Ansicht beflügelt kuriose Fantasien und strapaziert damit unsere Lachmuskeln auf das äußerste.

Der Abstieg ins Tal ist harte Arbeit. Wir kennen unseren Weg „im Schlaf". Jetzt unter der dicken weißen Haube aus fantastischem Pulverschnee ist es gut zu wissen, wo genau auf dem schmalen Grat zwischen Abhang links und Bachlauf rechts unsere Route verläuft.

Entlang der Strecke liegt leicht oberhalb am Hang ein Bauernhof. Das üblicherweise geschlossene Gatter ist auf etwa drei Meter Breite geöffnet. Der Landwirt hat seine Hoffläche mit dem Schneepflug geräumt und die Schneemassen durch den geöffneten Zaun nach unten in den Abhang befördert. Jetzt ist unser Weg blockiert. Mit vereinten Kräften räumen wir eine Gasse frei, denn in wenigen Tagen müssen wir hier wieder mit Gepäck absteigen. Teilweise bis zu den Oberschenkeln versinken wir in einen Traum von Weiß. Bitte lass es keinen Alptraum werden! Wenn dieser etwas weniger steile Weg nicht passierbar ist, muss es über den *direkten* Weg von der Hütte ins Tal gehen. Direkt heißt: ziemlich steil. Alles machbar, aber Anfang sechzig krachen die Hüften manchmal schon ganz schön. Bei allem sportlichen Ehrgeiz muss das also nicht unbedingt sein.

Unser Weg hinab ins Tal endet direkt gegenüber dem Einstieg in die Langlaufloipe. Parallel dazu ist auch der Fußweg bestens präpariert und lädt zu einem längeren Spaziergang Richtung Kolm-Saigurn ein.

Doch heute haben wir mehr geplant, und deshalb nehmen wir das Auto für die Strecke Richtung Talschluss. Von dort geht es – zumindest sommertags – weiter über eine Mautstraße bergauf, entweder bis zum Naturfreundehaus oder bis zum Ammererhof. So weit kommt man mit Fahrzeugen allerdings nur als „Berechtigter"; für alle anderen ist schon im Sinne des Naturschutzes weit vorher Schluss. Und das ist gut so.

Jetzt im Winter ist die Mautstraße ohnehin gesperrt. Am Beginn der etwa fünf Kilometer langen Strecke bergauf wartet der Shuttle auf uns: Ein Motorschlitten befördert uns und einige andere Gäste an den hoch oben am Ammererhof gelegenen Startpunkt für eine rasante Rodelpartie. Es geht über mehrere Abschnitte die gesamte serpentinenartige Mautstrecke hinunter. Was für eine Gaudi!

Das geht wieder heftig auf die Lachmuskeln, und vor lauter Spaß merken wir gar nicht, wie das abschnittweise recht hohe Rodeltempo unsere Körper ziemlich fordert. Ein ausgewachsener Muskelkater selbst an Körperstellen, an denen wir nicht einmal Muskeln vermutet hätten, erinnert uns noch einige Tage später an dieses fulminante Schneevergnügen.

Zwischen den abwärts führenden Rodelabschnitten liegen immer wieder Bereiche mit eher waagerechtem Streckenverlauf. Hier heißt es absteigen vom Schlitten und einige Schritte laufen. Oder einfach einmal stehenbleiben und das Panorama genießen: Das Niedersachsenhaus in etwa 2.400 Meter Höhe gelegen, der Hohe Sonnblick mit über 3.000 Metern und dem Observatorium obendrauf, der Hocharn als höchster Berg der Goldberggruppe mit 3.254 Metern. Manchmal sieht man Eiskletterer direkt in der senkrechten Wand, ab und an lassen sich kleinere Lawinenabgänge beobachten. Einfach spannend und abwechslungsreich, doch heute ist es durch die ziemlich dicke Schneedecke so ruhig, dass man nicht einmal das übliche Rauschen des Baches hört.

Und dann geht´s weiter auf dem Schlitten, wenn die nächsten Serpentinen mit deutlichem Gefälle neuen Rodelspaß erwarten lassen.

Unten angekommen am Mauthäuschen wartet die Belohnung für die Bewältigung dieser Strecke auf uns: Frische Marillenbuchteln mit heißer Vanillesoße, dazu eine heiße Schokolade mit Sahnehaube. Kalorien ohne Ende, aber super lecker! Die Österreicher verstehen es einfach, Ihre Gäste zu verwöhnen. Wir leisten uns diesen kleinen Luxus gerne als Abwechslung zur Einfachheit, für die wir uns mit einem Hüttenurlaub bewusst entschieden haben.

Jetzt am frühen Nachmittag ist das Thermometer auf minus 12 Grad geklettert. Unser Après-Rodel-Genuss ist trotz der frostigen Temperatur im Freien möglich, denn es ist absolut windstill geworden und die Terrasse des Alpengasthauses liegt um diese Tageszeit voll in der Sonne. Gut dass wir an den Sonnenschutz gedacht haben. Kaum hat das Mädel vom Service bemerkt, dass wir gerne draußen bleiben möchten, bringt sie Kissen für „drunter" und Decken für „drüber". So wird die Einkehr richtig gemütlich.

Mein Blick gleitet immer wieder hinauf zum Hohen Sonnblick. Für mich ein Berg mit ganz besonderer Bedeutung. Dessen markanter Gipfel mit der Wetterstation in über 3.000 Meter Höhe ist von meinem Sonnenplatz aus gerade noch im Sichtbereich. Nicht eine einzige Wolke trübt meinen Blick.

Nach unserer Stärkung gehen wir die Mautstrecke nochmals zu Fuß ein stückweit bergauf. Bald beginnt abseits der Straße – pardon – abseits der Rodelstrecke der alte Knappenweg, ein Zeugnis aus längst vergangenen Zeiten, als die hiesige Gegend geprägt war durch den Abbau von Erzen und Edelmetallen.

Der Knappenweg ist jetzt im Winter ausgewiesen als Schneeschuhtrail. Es waren wohl schon etliche Schneewanderer vor uns hier. Jedenfalls ist der Weg auch ohne Schneeschuhe gut begehbar. Wir sind allein auf diesem Abschnitt unterwegs und gelangen etwas abseits des Trails hinauf bis an die Wildfütterstellen. Nur das leise Murmeln des Bachlaufs direkt neben dem Weg ist hier noch zu hören.

Mitten in dieser Stille treten zwei Hirsche aus dem nahen Wald hervor. Haben sie vielleicht erwartet, dass wir Futter bringen? Wohl kaum. Obwohl es gerade einmal drei Uhr nachmittags ist, fühlen wir uns hier in der absonnigen Lage fast wie in der Dämmerung. Das könnte ein Grund für das Erscheinen der Tiere sein. Was für ein Gegensatz zum Sonnenbad vorhin. Die wirklich eisige Tagestemperatur wird mehr und mehr spürbar. Wir beschließen, uns auf den Heimweg zu machen und freuen uns auf einen gemütlichen Hüttenabend.

Ach ja, nicht vergessen: Bevor wir vom Tal zur Hütte aufsteigen, wollen wir noch ein frisches Brot mitnehmen. Kathrin macht´s in ihrem kleinen Laden kurz vor dem

Aufstieg zu unserer Hütte auch am Sonntag möglich, denn der einzige Tag der Woche, an dem man bei ihr nichts bekommt, ist der Dienstag. Auch am Sonntag wird frisch gebacken. Sommertags hat uns dieses Angebot schon dahin geführt, dass wir in der Frühe die Sonntagsmesse besuchten, dann bei Kathrin die frischen Semmeln eingekauft haben und anschließend unser Hüttenfrühstück in der Morgensonne genossen haben.

Jetzt also sind wir am Ende dieses Wintertages wieder auf dem Weg zurück, und die Temperaturen fallen mit dem Absinken der Sonne hinter den westlichen Gipfelsaum wieder deutlich tiefer in den Minusbereich. Der Einkauf bei Kathrin ist schnell erledigt. Wir stapfen durch den Tiefschnee, immer entlang den Spuren, die vom Abstieg heute früh noch übrig sind. Zweimal müssen wir auf unserem Weg den Bachlauf queren. Die erste Querung ist trotz der hohen Fließgeschwindigkeit des Wassers beinahe zugefroren. Mit unseren Wanderstöcken, die bei diesen Winterwetterverhältnissen gute Dienste leisten, lässt sich die Stärke der Eisfläche prüfen. Sie trägt noch nicht wirklich, und rasch haben wir die Trittsteine im Bachlauf herausgepickt, über die wir relativ trockenen Fußes bisher immer unseren Weg gefunden haben.

Nachdem wir während unseres aktuellen Hüttenaufenthalts schon etliche Male auf- und wieder abgestiegen sind, ist der Weg an sich keine große Herausforderung mehr. Kälte und Schnee machen es jetzt zwar nicht gerade leichter, aber letztlich schaffen wir natürlich auch heute unser Ziel.

Bereits heute Morgen war uns aufgefallen, dass - offenbar durch die Kälte - die Stromversorgung in der Hütte erheblich schwankt, phasenweise sogar ganz ausfällt. Der Hüttenwirt hatte etwas von überlasteten Netzen angedeutet. Nun traf es uns vielleicht tatsächlich. Zumindest bereiten wir uns darauf vor, um nicht im wahrsten Sinn des Wortes im Dunkeln zu tappen. Das bedeutet: Im restlichen Tageslicht noch einmal den Holzvorrat in der Stube auffüllen. Brennholz liegt im angrenzendem Stadl genügend bereit. Ab und an machen wir aus dem Kaminholz kleinere Holzscheite, weil sich so der Ofen schneller und zuverlässiger anschüren lässt. Das nötige Gerät dazu – Axt und Hackklotz – liegen natürlich bereit. Was nicht unbedingt vor Ort ist, aber eine Situation wie heute erfordert: Taschenlampen, Teelichter, Zündhölzer. Batteriebetriebene Stirnlampen bieten erheblichen Zusatznutzen, wenn doch einmal in der Dunkelheit der Holzvorrat aufgestockt werden muss oder wenn der Aufstieg zur Hütte – wie an unserem Ankunftstag – nach Sonnenuntergang erfolgt. Almaufwärts gibt es einfach keine Straßenbeleuchtung. Es gibt ja schließlich auch keine Straße.

Als mittlerweile erfahrene Hüttenurlauber geben wir Ihnen am Ende dieser Schrift gerne eine kleine Übersicht über die „Kleinigkeiten", die Sie bei einem geplanten Hüttenurlaub berücksichtigen sollten. Wer mit dem Holzhacken noch nicht so sehr vertraut ist, sollte beispielsweise auch an Pflaster denken. Man kann derart ungewohnte Handwerksarbeiten aber auch einfach lassen.

Wir sind mittlerweile für den Rest des Tages gut gerüstet. Das Feuer prasselt im Herd; schnell breitet sich eine angenehme Wärme aus. Das Teewasser kocht inzwischen. Aus unserem 2-Wochen-Vorrat entscheide ich mich für eine Früchtesorte, die mit dem Aufbrühen einen zimtig-weihnachtlichen Duft verbreitet. An Haushaltsgeräten bietet die Hütte längst nicht alles, was man von zu Hause aus gewohnt ist, aber eine Zitronenpresse ist da. Wunderbar. Frische Orangen hatten wir letztens von Kathrin mitgebracht. Frisch gepresste Orange im heißen Tee – wow, das geht durch bis in die Zehenspitzen.

Unser „Weltempfänger", ein kleines batteriebetriebenes Transistorradio, knarzt ein wenig in die sonstige Stille der Hütte. Das Musikprogramm von Radio Salzburg entspricht um diese Tageszeit unserem persönlichen Geschmack und unterstreicht die ruhige Atmosphäre, die uns hier und jetzt umgibt. Wolfgang und ich haben uns jeder „in seine Ecke" zurückgezogen. Wir lesen. Jeder, was er mag und was er sich selbst für die Hüttenzeit ausgesucht hat. Der Wetterbericht verspricht für die nächsten Tage weiterhin starken Einfluss polarer Luftmassen.

Die Stromversorgung ist und bleibt stabil. Trotzdem gut zu wissen, dass die spätere Zubereitung des Abendessens davon überhaupt nicht abhängt. Alles im grünen Bereich!

Wir kochen heute Abend wie meistens gemeinsam. Wolfgang schält gerade die Zwiebeln und ich würze das Fleisch, als im Radio einer unserer Lieblingshits läuft. Fetzig, und gefühlte Tausendmal haben wir schon danach getanzt. Was sollte uns jetzt davon abhalten? Platz ist in der kleinsten Hütte, und die nächsten Minuten wirbeln wir durch die Stube wie in unseren besten Zeiten. Tanzen ist kein Sport, tanzen ist der Ausdruck eines Gefühls. Mal geht´s gefühlvoll, mal geht´s fetzig. So wie jetzt. Hauptsache wir haben Spaß.

Nach dem Abendessen sichten wir unsere heutige Foto-Ausbeute. Nach etlichen Aufenthalten immer am gleichen Ort sind die Motive zwischenzeitlich ganz anders als beim ersten Mal. Es sind die kleinen, oft unscheinbaren Dinge des Alltags oder der Natur, die uns auf den Auslöser drücken lassen. Wie kommt wintertags ein Tagpfauenauge an unser Hüttenfenster? Wir haben den kleinen Schmetterling kurz nach unserer Ankunft entdeckt. Er ehrt uns bis heute mit seiner Anwesenheit und treibt tagsüber stundenweise ein munteres Spielchen an der sonnendurchfluteten Fensterscheibe. Wenn der wüsste wie kalt es draußen ist...

Der letzte Gang vor dem Schlafengehen führt uns gewohnheitsmäßig noch einmal kurz vor die Hüttentür. Für heute ist die Minus-20-Grad-Marke geknackt. Es geht weiter abwärts. Nachts durchzuheizen würde mehrmaliges Aufstehen bedeuten. Das haben wir in früheren Winterurlauben schon probiert, waren mit der Prozedur aber auch nicht wirklich glücklich. Also lassen wir den Ofen ausgehen und machen es eben wie die Pinguine: Zusammenkuscheln in der Vorfreude auf Morgen, dass es wieder ein schöner Tag wird.

Barfuß

Was kann es Schöneres geben, als in der Früh mit nackten Füßen vor die Hütte zu treten?

Lauf´ die ersten Schritte des Tages durch den Morgentau auf der Wiese, atme die klare Luft, schmecke die Kräuter, die ringsherum wachsen!

Spüre den weichen Boden unter deinen Füßen, fühle jeden Grashalm und genieße diesen einen Moment mit geschlossenen Augen!

Wenn ein Sommermorgen so beginnt, steht dem Rest eines wirklich guten Tages nichts mehr im Wege. Unsere Wandertour führt uns heute auf eine der umliegenden

Almen. Die Milchkühe sind seit wenigen Tagen auf den saftigen Wiesen unterwegs.

Klar, dass wir uns nach einem schweißtreibenden Aufstieg ein kühles Bier wünschen, aber das erste, was wir genießen, ist wirklich ein großes Glas frische Milch! Die Brotzeit dazu ist einfach, wie rustikal: Speck und Käse, dazu Gurke und Tomate, nicht zu vergessen das saftige, wahnsinnig knusprige Bauernbot mit dem leichten Kümmelgeschmack in der Brotkruste.

Diese Alm ist sogar mit dem Auto erreichbar. Aber das kommt für uns genauso wenig in Frage wie für das ältere Ehepaar, das eine Weile nach uns fußläufig die Gästeterrasse erreicht. Im Gespräch erfahren wir, dass beide deutlich über 80 sind! Grandios, im Alter so fit zu sein. Wolfgang und ich wissen sofort, was wir uns wünschen!

Neben den äußerst interessanten menschlichen Begegnungen gibt es – wie immer um diese Jahreszeit – viel Tierisches auf der Wanderstrecke. Wir treffen beim Abstieg am Nachmittag an einem unserer beliebten Pausenplätze auf eine Herde Weiderinder. Kein Wunder, denn es ist heiß, und so wie wir Menschen sucht auch das Vieh nach Erfrischungsmöglichkeiten. Quellwasser plätschert über eine handgeschnitzte Zuleitung in einen ausgehöhlten Baumstamm. Egal wie hoch die Außentemperaturen auch sind: Dieses Quellwasser, aus dem übrigens auch die Wasserversorgung für unsere Hütte besteht, ist nicht kühl, sondern immer richtiggehend kalt, köstlich zum Trinken und wunderbar erfrischend, wenn man einfach mal die Arme dort hineintaucht oder die bloßen Unterschenkel mit einer Handvoll Wasser benetzt. Ein gehobelter Baumstamm, abgelegt auf zwei dicken Baumscheiben, bietet zudem eine gute Gelegenheit, die müden Beine zu entspannen und neue Kraft vor dem nächsten Wanderabschnitt zu tanken.

Eines der Rinder hat uns schon eine ganze Weile neugierig beobachtet und trabt nun, als wir ein wenig auf der Bank ausruhen wollen, ziemlich flott und unter heftigem Geläut seiner Halsglocke auf uns zu. Das sieht so lustig aus, dass ich einfach auf den Auslöser der

Videokamera drücke. Mit dem Blick durch den Sucher verliere ich allerdings jedes Gefühl für den echten Abstand zwischen mir und dem Tier. Ehe ich mich versehe, spüre ich den heißen Atem an meinem Bein, und im nächsten Moment lutscht die raue Rinderzunge über mein Knie bis hinab zum Knöchel. Ooh, welch´ ein ekliges Gefühl! Kuh-Sabber gemischt mit gerade frisch gezupftem (oder widergekäutem?) Gras gleitet mein nacktes Bein hinunter. Brrr, ich war noch nie ein Fan von Rinderzunge. Ich werde es jetzt auch wohl für alle Ewigkeit nicht mehr!

Kaum, dass dieses Viech Anlauf nahm, hat sich Wolfgang sofort aus der Gefahrenzone entfernt, um nun aus sicherer Distanz belustigt diesen Rinderwahnsinn zu beobachten. Irgendwie gelingt es mir schließlich doch, den Begehrlichkeiten der Kuh zu entfliehen. Na ja, Wasser zum Waschen gibt´s ja genug.

Als wir uns am Abend auf der Hütte die mediale Ausbeute des heutigen Tages anschauen, haben wir noch einmal eine Menge Spaß vor allem mit dem „Rinder-Video". Mir wird selbst bewusst, wie blöd ich ausgesehen haben muss, und es bleibt wohl zweifelhaft, wer eigentlich die dumme Kuh war.

Goldener Herbst – die Zeit der Reife

Ein fantastischer Spätsommer neigt sich dem Ende zu. Selbst jetzt, im frühen Herbst, lässt die Kraft der Sonne kaum nach; allenfalls die Nächte werden spürbar kühler.

Heute früh – ein fantastischer Sonnenaufgang begrüßt uns nach unserer ersten Hüttennacht dieses Urlaubs – zeigt das Thermometer knapp über null Grad. Es ist Sonntag. Für uns ein besonderer Sonntag; deshalb haben wir uns vorgenommen, die Frühmesse in der einheimischen Kapelle zu besuchen. Acht Uhr dreißig, das ist auf den ersten Blick eine ziemlich unchristliche Zeit. Aber der Plan ist, nach dem Gottesdienst die knusprigen Frühstückssemmeln aus Kathrins Laden mitzunehmen und erst dann den frisch gebrühten Kaffee mitsamt einem ausgiebigen Sonntagsfrühstück zu genießen. Völlig klar: Das wird im Sonnenschein auf der rustikalen Holzbank vor der Hütte sein. Der Wetterbericht prognostiziert auch für heute über 20 Grad. Ein September-Hütten-Sonntag nach Maß erwartet uns.

Apropos Messe: Die Dorfkirche liegt fast auf gleicher Höhe wie unsere Hütte. Dorthin zu kommen bedeutet allerdings: erst hinunter ins Tal, dann auf der anderen Seite wieder hinauf auf den Kirchberg. Am Rückweg dann umgekehrt. Zum späteren Frühstück weiß man, was man an diesem Sonntag schon geleistet hat.

Insgeheim haben wir den Gedanken, heute möglicherweise querfeldein laufen zu können, denn manchmal ist eines der Gatter eines hoch gelegenen Bauernhofs geöffnet. Das macht den Weg nicht nur kürzer, sondern vor allem leichter.

Nein, so soll es heute nicht sein, und der längere Weg hinab und wieder hinauf ist Pflicht. Ein Gedanke schießt mir dabei durch den Kopf:

Gibt es überhaupt eine Abkürzung zu Gott?

Bitte nicht falsch verstehen, Kirche ist für mich nicht unbedingt gleichzusetzen mit Gott. Aber wie eingangs gesagt: Es ist für uns ein ganz besonderer Sonntag, der mich in meinen Gedanken bis zu einem gewissen Grad zur Spiritualität verleitet. Die letzten Jahre meines Lebens waren die reinste Achterbahnfahrt, und meine Sehnsucht ist unendlich groß, diesen Zustand endlich zu beenden. Die Frage nach einem tieferen Sinn des Lebens ist in dieser Zeit mehr als einmal gestellt worden, und damit auch die Frage, was dem Leben Halt geben kann.

In dieser Zeit haben wir damit angefangen, den größten Teil unserer gemeinsamen Jahresfreizeit in der Hütte zu verbringen. Die Schlichtheit des Alltags, die Bescheidenheit des einfachen Lebens, trotzdem zufrieden zu sein in der Geborgenheit eines schlichten Holzbaus – genau das ist der Ausdruck unserer gemeinsamen Sehnsucht.

Um das zu finden, was wir beide gesucht haben, gibt es keinen direkten Weg, keine „einfache Tour". Wir ziehen unser „Hüttending" durch gegen alles mitleidige Lächeln von Kollegen, gegen jede geringschätzige Bemerkung anderer, die bisher noch nie die Faszination des Hüttenlebens erfahren durften. Wir kommen regelmäßig sehr gut erholt zurück, zufrieden mit uns und der Welt und absolut geerdet. Zehnfach und öfter haben wir erlebt, was diese Art des Urlaubs für uns bedeutet. Manch ein Beobachter hat mittlerweile sein anfängliches Kopfschütteln durch ein wenig Neid und einem Hätt´-ich-auch-gern-Feeling ersetzt. Irgendwie muss da doch was dran sein!

Ist es nicht so, dass wir normalerweise im Leben das schnelle Ergebnis, den schnellen Erfolg suchen? Wie oft vernachlässigen wir langfristige Güte auf Kosten eines kurzfristigen Gewinns? Der schnell vergängliche Genuss eines hastig vereinnahmten Essens, der flüchtige Kuss statt einer intensiven gefühlvollen Begegnung, das schnell verdiente Geld statt einer nachhaltigen Einkommensbasis. Ja, auch in der Bergwelt das rasante Hinaufrauschen mit der Gipfelbahn statt eines langsamen Aufstiegs zu Fuß, um mit allen Sinnen Weg und Ziel wahrzunehmen. Kein einziger Weg am Berg führt schnurstracks nach oben. Jede Strecke verläuft in Serpentinen. Physikalisch ist das leicht erklärt, denn natürlich ist Anstieg oder Gefälle weniger dramatisch, je weiter der Weg zwischen Start und Ziel gestreckt ist.

Aber was macht das mit uns?

Wir haben die Chance *anzukommen*, statt atemlos auf halber Strecke zusammenzubrechen. Und ankommen ist doch exakt das, was wir wollen, wenn wir uns überhaupt auf den Weg machen.

Genau diese Gedanken gehen mir durch den Kopf auf dem „langen" Weg zum Gottesdienst an diesem Sonntagmorgen. Und ich bin froh, dass es keine

Abkürzung gibt! Es freut mich, dass auch die Einrichtung unserer Hütte mit dem Kruzifix direkt im Eck über der Sitzbank daran erinnert, dass man manchmal weite und auch schwere Wege gehen muss, um an das richtige Ziel zu kommen.

Durch welche Symbole das repräsentiert wird, ist dabei weniger wichtig. Die Religion spielt keine Rolle, es ist egal, ob evangelisch oder katholisch, ob überhaupt christlich oder einfach nur ethisch und werteorientiert: Die innere Haltung ist das Entscheidende. Die Reise zur Selbstentdeckung ist manchmal ziemlich lang, aber jeder Abschnitt und jede Kurve ist wichtig. Wäre schade, dafür eine Abkürzung zu benutzen!

Wetterkapriolen? Mach´ was draus!

Das Wetter im Gebirge ist ein Phänomen, das immer unberechenbar bleiben wird. Eben noch schön, kann es im nächsten Moment umschlagen. Die Besonderheiten des Bergwetters zu kennen, kann dem Hüttenurlauber eine Menge Enttäuschung ersparen.

Drei wesentliche Dinge hängen unmittelbar mit dem Wetter zusammen:

1. Was nehme ich zum Anziehen mit?
2. Welche Beschäftigung bietet sich für schlechtes Wetter an?
3. Wie „sturmerprobt" ist die Hütte?

Nichts ist unangenehmer als „unpassende" Kleidung. Deshalb empfiehlt sich unabhängig von der Jahreszeit immer die Zwiebelstrategie: Was Leichtes für warme Tage, eine zweite Schicht zum Drüberziehen, wenn´s etwas kühler wird (vor allem abends). Die dritte und gegebenenfalls richtig wetterfeste Schicht ist dann für echte Kälte oder eben für draußen, selbst wenn es regnet oder schneit.

Wir sind heuer Ende September, Anfang Oktober vor Ort und haben bisher einen traumhaften Spätsommer erlebt.

Tagestemperaturen von weit über 20 Grad haben uns verwöhnt. Bis gestern. Und heute? Regenwetter ist angesagt, und erstmals meldet der Wetterbericht am Nachmittag, dass bei starkem Nordwestwind Schneefall bis unter 1.000 Meter möglich ist. Na super! Wir liegen höher. Das Stöbern in altem Bildmaterial vergangener Hüttenurlaube bringt es tatsächlich an den Tag: Der Oktober vor fünf Jahren zeigt allerbeste Ski- und Rodelverhältnisse.

Die 14-Tage-Wettervorschau vor unserer diesjährigen Anreise hatte auch die zweite Aufenthaltswoche als sonnig und einigermaßen warm angekündigt. So kann´s gehen. Wir erleben mitten im bisher gefühlten Spätsommer-Urlaub unseren ersten Hüttentag, an dem wir voll durchheizen. Holzvorräte sind genug da, und in unserer „Kuschelhöhle" überarbeiten wir unsere Aktionspläne für die nächste Woche. Auf knapp 3.000 Meter wollten wir noch hinauf, aber dafür sieht es jetzt schlecht aus.

Manchmal ist das Wetter wie ein Würfelspiel. Das ist zugleich eine gute Vorlage für Freizeitbeschäftigungen, wenn die Natur den Aufenthalt draußen nicht so angenehm gestaltet. Eines unserer Lieblingsspiele ist

„Kniffel": Das Ziel dieses Spiels ist es, mit fünf Würfeln verschiedenste Wurfkombinationen zu erreichen, entsprechende Punktwerte zu sammeln, um dann mit der höchsten Punktesumme als Gewinner aus dem Rennen zu gehen. Wir haben regelmäßig sehr viel Spaß dabei, selbst wenn der eine oder andere eben Mal kein Glück hat und am Ende auch noch Pech hinzukommt. Ein Knobelbecher findet Platz in jedem Rucksack, die „Kniffel"-Listen überstehen den Transport am besten zwischen den zwei, drei Büchern, die wir gern für die Abendlektüre mitnehmen. Langweilig wird es jedenfalls nie!

Der Wind frischt heftig auf und lässt den Regen an der Westseite gegen die Stubenfenster prasseln. Irgendwie freut´s uns, wenn dieses scheußliche Szenario über Nacht anhalten würde. Wir wissen, dass wir hier sicher im Trockenen sind und selbst heftige – und durchaus erlebte – Stürme unserem Zuhause nichts anhaben können. In der kommenden Nacht werden wir eingemummelt in unsere blau-karierten Zudecken und eng umschlungen den nächsten Morgen erwarten. Auch das ist eine Erfahrung aus langjährigen Hüttenurlauben: Ebenso schlagartig, wie das schöne Wetter vorbei ist, kann nach einigen Stunden schon wieder alles anders sein, und die Sonne lacht ungetrübt vom Horizont.

Empfehlung für die Nacht: den Vorhang am Fenster der Schlafstube nicht ganz zuziehen. So kann man noch vor dem Aufstehen die tollen Impressionen genießen, wenn sich in der Früh die Morgensonne auf dem vielleicht weiß gepuderten Ritterkopf spiegelt.

Zugegeben, es hat im Laufe der Jahre schon Hüttenphasen gegeben, in denen wir uns auf „Kuschelwetter" gefreut haben. Manchmal war es so, wenn wir direkt aus einer stressigen Alltagszeit endlich Richtung Hütte aufbrechen konnten und ein frisches Aufladen unserer Batterien dringend angesagt war. Manchmal aber gab es auch Phasen, in denen wir „kreative Ruhe" suchten.

Wir beide, Wolfgang und ich, sind unternehmerisch in der Dienstleistung unterwegs. Der Abstand vom Geschäft wirkt wahre Wunder, wenn wir wieder einmal in Tagesroutinen feststecken. Die absolute Ungezwungenheit im Hüttenalltag, die Muße, einer vorbeiziehenden Wolkenformation auch einmal etwas länger zuzuschauen, Gedanken fliegen zu lassen, scheinbar „verrückte" Ideen einfach zuzulassen – genau das lässt uns in aller Regel mit frischem Mut und neuem Tatendrang am Ende des Urlaubs zurückkehren an

unsere Schreibtische. Ganz ohne Wehmut, denn meistens wissen wir bei der Abreise schon, wann wir nächstes Mal hier oben sind!

Mag sein, dass nicht jeder derartige berufliche „Leidenschaften" pflegt. Arbeit ist Arbeit – Urlaub ist Urlaub, das ist ein Statement mit absoluter Berechtigung. Nicht jeder hat das Glück wie wir, dass wir beruflich nicht nur gleiches machen, sondern dass wir beide unsere Arbeit sehr lieben und sie mit viel Herzblut ausüben. Ist schon klar, dass es manchen nicht so geht. Dann ist nach meiner Erfahrung eine Hüttenauszeit in den Bergen statt Ballermann auf Mallorca wahrscheinlich die bessere

Gelegenheit, einmal über Grundsätzliches in seinem Leben nachzudenken.

Urlaubszeit ist die Zeit der größeren menschlichen Nähe. Partnerschaften oder Familien müssen im Gegensatz zum normalen Alltag permanente Anwesenheit „aushalten" – ganz besonders bei einem Hüttenaufenthalt. Vielleicht kann ein Urlaub bei dem einen oder anderen manches richten, wenn die häusliche Harmonie daheim möglicherweise schon angeschlagen ist. Das kann aber auch gewaltig nach hinten losgehen! Ja, auch diese Dinge sind wichtig. Natürlich gibt es unter den

Reiseangeboten Domizile mit viel Fläche, vielen Räumen, mit Sauna, Solarium, Fitnessraum und jedem nur denkbaren Komfort. Das sind nicht die Hütten, von denen ich hier spreche. Eine Hütte, wie ich sie meine, hat den Namen „Hütte" wirklich verdient. Und dort ist es eng! Weit genug, um seine „Lieblingsecke" zu finden, aber zu eng, um sich wirklich aus dem Weg zu gehen.

Witziger Weise hört vor allem Wolfgang vor dem Urlaub fast immer Fragen wie „Was, die gleiche Hütte? Und wieder mit der gleichen Frau?!" Ich habe keine Ahnung, welchen Fantasien sich die Fragesteller hingeben. Ich kann und möchte nur so viel dazu sagen, dass Hüttenkuscheln genauso schön ist wie daheim und dass wir beide – trotz sehr langer Partnerschaft – alles andere als fantasielos sind.

Grenzen überwinden

Der Baumstumpf kommt mir gerade recht. Meine Wanderstöcke fliegen auf die Seite, der Rucksack gleich hinterher. Der stechende Schmerz lässt mich meinen Wanderstiefel vom Fuß reißen, und im nächsten Moment verschafft mir der „Zaubergriff" spürbare Entlastung.

Was auch immer das ist, seit einiger Zeit habe ich das Gefühl, dass sich einer meiner Mittelfußknochen bei übermäßiger Belastung selbständig macht und diese Höllen-Schmerz-Position einnimmt. Das ist aber noch nicht alles. Das Bohren im Rücken, die Spannungen in den Schultern, dazu ein unglaubliches Gefühl von

Schwäche in den Beinen, angefangen von den Pobacken bis hinunter zu den Waden. Der Schweiß rinnt von der Stirn und brennt in den Augen. Alles an meinem Körper klebt und bebt vor Schmerz.

Wandern ist schön?!

Es ist unser dritter Hüttentag. Die Vision, einmal *diesen* Weg zu gehen, verfolgt mich schon sehr lange. In diesem Urlaub haben wir – zufällig – das Glück, dass der Postbus noch bis zum Ende des Tales fährt. Aber nur noch bis übermorgen. Jedes Mal, wenn wir bisher hier waren, fuhr er entweder noch nicht, weil noch Winter war, oder er fuhr nicht mehr, weil der Sommer zu Ende war. Für Hüttenurlauber ist es gut zu wissen, dass die Fahrpläne oft erst Ende Juni beginnen und Anfang September schon nicht mehr gelten.

Der nächste Bus kommt am 27. Juni ?!

Dieses Mal also gibt es die Möglichkeit, mit dem Bus bis an den Startpunkt unserer Wanderung zu fahren. Unser Ziel ist es, die gesamte Strecke, allerdings auf Bergeshöhe, zurückzulaufen und dabei einige Almen zu besuchen. Wolfgang kennt diese Gegend seit seiner Kindheit und weiß, an welchen Punkten die Aussicht besonders schön ist. Die Fernsicht wird bei der aktuellen Wetterlage fantastisch sein. Auch wenn der Weg mehr als dreimal so lang ist wie unsere üblichen Routen, ist der erste Schritt auf der Strecke der erste Schritt heimwärts. Eine tolle Perspektive, noch dazu, wenn das Ziel unser Zuhause ist, unsere Hütte!

Wir haben uns die Wanderroute sehr genau auf der Karte angeschaut. Einige Abschnitte verlaufen parallel zur Höhenlinie; das heißt, bergauf und bergab hält sich dort in kraftschonenden Grenzen. Natürlich gilt es, anfänglich schnell gute Höhe zu gewinnen. Ebenso ist zum Ende der Wanderung ein größerer Abstieg unvermeidbar, um wieder auf unser „Hüttenniveau" zurückzukommen. Auch dazwischen ist manche Schlucht zu überwinden.

Wir kennen den Standort unserer Hütte mittlerweile im Schlaf. Sie muss in wenigen Augenblicken – nach immerhin gut neun Stunden Wanderung – in unserem

Sichtbereich liegen. Trotzdem geht bei mir nichts mehr. Definitiv nicht! Es war schon vor einer Stunde absehbar, dass der „normale" Rückweg für mich zu viel ist; deshalb sind wir bei vertretbarem Geländeverlauf querfeldein gelaufen. Heißt aber, am Ende einen Weidezaun überwinden zu müssen. Keine Ahnung, wie ich das dann doch geschafft habe, aber jetzt liegen Stöcke und Rucksack im Gras, noch weiter weg der verfluchte Wanderstiefel.

Jetzt ist er doch da – dieser verdammte Härtetest für die Urlaubsharmonie zwischen Wolfgang und mir. Er schaut mich mit mitleidigem Blick an, mir stehen die Tränen in den Augen. Warum hat er mich nicht von dieser Tour abgehalten? Später wird er behaupten, er hätte es versucht, aber ich wollte ja unbedingt!

Wir brauchen beide zwei volle Tage, um uns von diesen Strapazen zu erholen. Muskelkater in Körperbereichen, von denen wir gar nicht wussten, dass es dort Muskeln gibt. Aber auch das hat sein Gutes: Die nächsten Tage sind für diese Jahreszeit unglaublich warm und sonnig. Wir genießen die absolute Entspannung in unserem kleinen Hüttengarten, kugeln überwiegend auf den Sonnenliegen herum, lesen, hören Musik und haben richtig viel Spaß miteinander. Nur eine Frage steht im Raum: Warum haben wir diese Tour gemacht? Und auch dafür finden wir eine Antwort.

Wir sind beide nicht die Sportlichsten, haben uns auch nicht unbedingt konditionell auf den Urlaub vorbereitet. Mit anderen Worten: Wir wussten, wie das endet. Gemacht haben wir es trotzdem, und dafür gab es einen guten Grund: Grenzen überwinden! Was so einfältig klingt, hat einen viel tieferen Sinn.

Henry Ford hat einmal gesagt: „Es ist egal, ob du meinst, du schaffst es oder du schaffst es nicht. Du wirst in jedem Fall Recht behalten." Und genauso ist es. Wir haben so viele Grenzen in unseren Köpfen. „Kann ich nicht", „will ich nicht", „mach´ ich nicht" – so oder ähnlich klingt unser Alltag. Selbst Menschen, die persönlich wie auch beruflich wachsen wollen, bleiben oft stehen beim Können und Wollen. Das, was sie wirklich weiterbringt, ist das Machen – also wirklich auch zu TUN, was sie eigentlichen wollen und auch können.

Auch wir – Wolfgang und ich – sind im zeitlichen Umfeld zu diesem Urlaub in einer spannenden Lebenssituation. Legen wir den Schalter um? TUN wir das, was wir eigentlich wollen? Stoßen wir an unverrückbare Grenzen, beruflich wie privat? Der (wenn auch schmerzhafte) Erfolg der Wandertour hat uns gezeigt, dass wir Grenzen verschieben können.

Muskelkater vergeht – Stolz bleibt.

Chapeau!

Weihnachtsgans im Holzofen

Prasselndes Feuer im Ofen, knirschende Schritte im Schnee auf dem Weg zum Gottesdienst, Feuerzangenbowle bei Kerzenlicht, Weihnachtslieder singen bei eigener Instrumentalbegleitung.

Kitsch aus alten Heimatfilmen oder wirklich erlebenswert für echte Hüttenfans?

Wir wollen es wissen, und deshalb haben wir gebucht - Hüttenurlaub über Weihnachten!

Es ist das bisher erste und einzige Mal, dass Wolfgang und ich nicht allein hier oben sind. Aber wir sind uns sicher, dass unsere beiden Gäste genau dazu passen. Einfach und bescheiden, nicht *trotz* Weihnachten, sondern *wegen* Weihnachten. Natürlich gehört zum Heiligen Abend auch bei uns Erwachsenen eine Bescherung dazu. Deshalb haben wir einige Zeit zuvor die Wichtelpartner zugelost, und so konnte sich jeder von uns darauf konzentrieren, einem einzigen Menschen in dieser Gruppe ein nettes, sehr persönliches (und preislich streng limitiertes!) Geschenk auszuwählen. Logisch, dass dieses Präsent transportabel für den Rucksack sein musste und so klein, dass es trotz der räumlichen

Hüttenbedingungen nicht im Vorfeld zur Bescherung entdeckt wurde.

Die Anreise wenige Tage vor Heiligabend lässt uns genügend Raum, alles für das Fest vorzubereiten. Die Außentemperaturen sind sehr mild und lassen eher eine „grüne" Weihnacht erwarten. Macht nichts. So können wir trockenen Fußes und ohne große Rutschpartie unseren Proviant und den übrigen Bedarf bergauf tragen. Die Hüttenwirtin hat mit ein paar Tannenzweigen die Fensterbänke geschmückt. Ein klein wenig Deko aus unserem Rucksack tut ein Übriges, um ein wirklich stimmungsvolles Ambiente herzuzaubern.

Heiligabend. Die Temperaturen sind merklich in den Keller gegangen. Das Feuer prasselt im Ofen und sorgt für behagliche Wärme in der Stube. Heute Abend gibt es nur einen kleinen Imbiss; die Weihnachtsgans steht für den ersten Weihnachtsfeiertag auf dem Speiseplan. Mit unserer „hausgemachten" Musik haben wir in der Tat sehr, sehr viel Spaß, und irgendwann dazwischen ist natürlich die Bescherung. Manchmal geht's bei uns Erwachsenen zu wie bei kleinen Kindern. Neugier, Aufregung, aufreizend langsames Auspacken der Geschenke, begleitet von allerhand Fantasiegeschichten um die Dinge, die sich in den nächsten Momenten im wahrsten Sinne des Wortes aus dem Weihnachtspapier heraus „ent-wickeln".

Für 23 Uhr ist die Heiligabendmesse angesagt. Auch wenn die kleine Kirche in Sichtweite der Hütte liegt, müssen wir talabwärts laufen, um dann auf der anderen Seite den Kirchberg wieder hinaufzusteigen. Für uns heißt das: etwa eine Dreiviertelstunde vorher in die warmen Jacken schlüpfen, Stiefel an, Mütze, Schal und Handschuhe nicht vergessen.

Dazu Stirnlampen und Taschenlampen für alle, denn es ist natürlich stockfinster, und auch an Weihnachten gibt es zu unserer Hütte keine Straße und keine Laterne.

Der Gottesdienst am Heiligen Abend, die Geschichte von Christi Geburt – das alles erscheint heute Abend in einem besonderen Licht. Jeder aus unserer Gruppe hat in seinem Leben mehr als fünfzig Mal Weihnachten erlebt. Aber heuer empfinden wir die Suche der Heiligen Familie nach einer Unterkunft, die Nacht im Stall, die Nähe der Tiere wie auch das Gefühl von Dankbarkeit und Seligkeit komplett anders als sonst daheim. Nicht, dass wir unsere aktuelle „Wohnsituation" mit einem Stall vergleichen wollten, aber gerade die Natürlichkeit und Bescheidenheit

eines Hüttenerlebnisses macht uns alle miteinander sensibel für jene Dinge, die vor Urzeiten in der Heiligen Nacht passierten.

In dieser Stimmung verlassen wir nach der Messe die kleine Bergkirche. Draußen hat Schneefall eingesetzt. Was für eine Inszenierung! Innerhalb kürzester Zeit ist alles um uns herum weiß und verzaubert die Landschaft in einen Wintertraum. Es ist deutlich nach Mitternacht, als wir in die Hütte zurückkehren. Die restliche Glut im Ofen ist schnell wieder zu einem behaglichen Feuer entfacht. Radio Salzburg spielt um diese Uhrzeit nicht mehr die klassischen Weihnachtsbrüller, sondern eher sanfte und weniger bekannte stille Lieder. In unseren Gläsern funkelt leichter Rotwein und spiegelt die Lichter der Kerzen. Eine stimmungsvolle Heilige Nacht geht zu Ende.

Am ersten Weihnachtstag haben wir viel Spaß im Schnee. Für einen ausgewachsenen Schneemann ist die weiße Pracht noch zu wenig, aber eine liegende Schneefrau? Doch, das geht hervorragend, denn das Herausarbeiten der nötigen Rundungen gelingt unseren Männern ausgezeichnet. Später fassen alle mit an bei der Zubereitung unseres Weihnachtsmenüs. Gänsebrust auf Blaukraut mit Kloß. Keine Ahnung, welche Temperaturen unsere Backröhre hergibt. Wir probieren es einfach aus, und das Ergebnis ist einfach phänomenal!

Wir erleben wirklich wundervolle Festtage mit ganz neuen Eindrücken. Unsere Gäste reisen ab, Wolfgang und ich freuen uns noch auf einen schwungvollen Jahreswechsel mit Musik und Tanz, tollen Gesprächen und Lachen – für uns geht ein aufregendes Jahr zu Ende. Das im Tal gezündete Silvesterfeuerwerk fühlt und hört (!) sich vor allem ganz anders an als zu Hause. Auch das muss man einfach einmal erlebt haben.

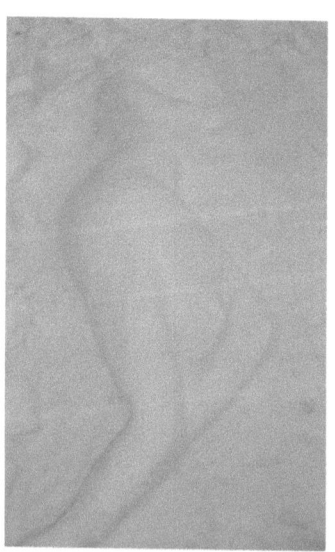

Der letzte Abend

Morgen ist es wieder soweit – wir reisen ab. Diese Momente gibt es in jedem Hüttenurlaub, und bei aller Vorfreude auf das nächste Mal kommt doch regelmäßig ein leises Gefühl der Wehmut auf.

Am Ende unseres ersten Hüttenurlaubs hatten wir den Vorabend der Abreise dazu genutzt, alles, was wir nicht mehr brauchten, zu verpacken. Das Ergebnis: Irgendwo stand immer ein Rucksack im Wege, es war ungemütlich, alles fühlte sich nach Aufbruch an, jegliche Behaglichkeit und unser Urlaubsfeeling war dahin. Mittlerweile sind wir etwas schlauer und genießen unseren Aufenthalt mit allen Sinnen wirklich bis kurz vor der Abfahrt.

Natürlich steht jede Heimreise immer unter der Überlegung: Wie ist es am einfachsten? Nun, die meisten Dinge, die wir mit hergenommen haben, landen auch für den Rückweg wieder im Rucksack. Kleine Reste nützlicher Haushaltsutensilien, wie das restliche Spülmittel, ein paar Kaffeefilter und – die nächsten Hüttennutzer werden dankbar sein – das übrige Toilettenpapier, lassen wir vor Ort. Jetzt zeigt sich, wie vernünftig die Essensplanung war. Das allermeiste ist verbraucht und erspart uns einiges an Rücktransport –

abgesehen von dem, was auf den eigenen Hüften gelandet ist und nicht durch ausgiebige Wanderungen wieder abtrainiert wurde.

So sind es meistens die gleichen Dinge, die am letzten Abend noch darauf warten, verzehrt zu werden. Dieses Mal sind es für jeden von uns noch ein, zwei Gläser Rotwein, und es gibt ein einsames, allerletztes Mon Chérie. Das sind wunderbare Ressourcen für einen stimmungsvollen Urlaubsausklang!

Im Radio erklingt „He'll Have To Go" von Elvis. Die Instrumentalversion, gespielt mit erotisch-rauchigem Saxophon, verleitet uns zum Kuscheltanz auf engstem Raum, nebenbei eine gute Gelegenheit, das letzte Mon Chérie zwischen unseren Lippen zu teilen.

Der Wein ist leer, es ist 00:07 Uhr. Reinhard Mey begleitet uns in die Nacht mit seiner Ballade „Wenn Du bei mir bist". Er singt vom stillen Verstehen, davon, wie alles Bedrohliche und Ärgerliche fernbleibt, wie schön es ist, sich in tiefem Vertrauen fallenzulassen und nichts mehr wichtig ist. Fast möchte man meinen, diesen Song hat er in einer Berghütte geschrieben – nur für uns.

Kraft tanken

Wo ginge es besser als zu Füssen des Hohen Sonnblick? Mit 3.106 Metern ist er nicht der höchste Berg der Goldberggruppe, aber mit Abstand der imposanteste. Er liegt im Hauptkamm der österreichischen Alpen zwischen dem Großglockner im Westen und der Ankogelgruppe im Osten.

Von unserer Hütte aus ist er nicht direkt sichtbar. Eine Wanderung hinauf zur Frohnalm oder eine kurze Fahrt Richtung Kolm-Saigurn, und schon ist er in seiner ganzen Stattlichkeit sichtbar. Wenn man das wie ich vielfach erlebt hat und diesen Berg zu seinem Liebling erklärt hat, dann kann man den Hohen Sonnblick auch von unserer Hütte aus „sehen". Ich weiß, wo er ist; ich kenne seine Kontur ziemlich genau, und so setzt mir zumindest mein geistiges Auge diesen fantastischen Berg direkt vor die Hüttentür.

Auf dem Plateau des hohen Mittelgipfels befindet sich das höchste Observatorium Europas und liefert seit mehr als 125 Jahren zuverlässig Wetterdaten in die ganze Welt.

Doch das ist es nicht, was mich an diesem Berg so fasziniert. Der Herrgott hat hier ein Massiv in die Bergwelt gesetzt, das bei näherer Betrachtung sehr an die Figur eines sitzenden Adlers erinnert. Die mächtigen Schwingen sind ausgebreitet und geben das Bild von „starken Schultern", die zum Anlehnen einladen. Majestätisch, wie es sich für den König der Lüfte gehört, lässt er seinen wachen Blick über das Land zu seinen Füßen streifen. Schutz und Zuflucht Suchende fühlen sich willkommen.

Das mag der – gewiss nicht immer teilbaren – Fantasie eines Menschen entspringen, der in einer ernsten Lebenskrise erstmals den Weg hierher gefunden hat. Mir hilft´s jedenfalls.

Zum Abschluss dieses kleinen Hüttenbandes ein Gedicht von *Anni von Viebahn* passend zu meiner Sicht auf den Hohen Sonnblick:

Auf Adlerflügeln getragen
übers brausende Meer der Zeit,
getragen auf Adlerflügeln
bis hinein in die Ewigkeit.
Über Berge und Täler und Gründe,
immer höher zur himmlischen Höh;
denn die Flügel die mich tragen,
die Flügel, auf denen ich steh;

Und unter denselben Flügeln,
wie wunderbar ruhe ich aus!
Da ist meine Zufluchtsstätte,
mein festes, sichres Haus.
Der Feind mag über mir kreisen,
und zielen und spähn wie er will:
die Flügel sind stark die mich decken,
und unter den Flügeln bleibt`s still.

Ja, unter den Flügeln geborgen
und auf den Flügeln bewahrt,
das gibt ein seliges Ruhen,
das gibt eine glückliche Fahrt;
das gibt ein sicheres Wissen
bei wechselnder Pilgerschaft;
denn unter den Flügeln ist Frieden,
und unter den Flügeln ist Kraft.

Was es noch zu sagen gibt

Ist Hüttenurlaub für jeden geeignet?

Ein ganz klares „Jein".

Es ist nicht wichtig, ob du Männlein oder Weiblein bist, ob du allein, zu zweit oder in der Gruppe unterwegs bist. Das Alter mag insofern eine Rolle spielen, als dass der Aufstieg – wie bei unserer Hütte eben auch *mit* Gepäck – körperlich zu bewältigen sein muss.

Eine einzige unabdingbare Voraussetzung für einen gelungenen Aufenthalt ist die eigene innere Einstellung. Zumindest auf befristete Verweildauer loslassen können, das ist ein guter Anfang. Loslassen vom Komfort des Alltäglichen in der Küche oder im Bad zu Hause. Loslassen von der Bequemlichkeit, mit dem Wunsch nach behaglicher Wärme in der kalten Jahreszeit einfach am Heizungsknopf zu drehen. Aber auch loslassen von der medialen Informationsflut, den Sorgen und Nöten des beruflichen Alltags, den kleinen und auch größeren Kampfstätten des ganz „normalen" Lebens.

So wundert es nicht, dass sich hier in „unserer" Hütte Gäste wohlfühlen, denen man das in ihrem eigentlichen Leben gar nicht unbedingt zutraut und die immer wieder hierherkommen. Das sind oft Menschen mit großer Verantwortung im Geschäftsleben wie auch in der Familie. Es sind Menschen mit tiefem Einfühlungsvermögen in den Sinn von Natur und Schöpfung, Menschen mit universeller Spiritualität und Empfangsbereitschaft für die Signale ihrer eigenen Seele und der Seele ihrer Mitmenschen.

Nachwort

Hüttenurlaub lässt sich recht einfach so gestalten, dass der übliche „normale" Alltag außen vor bleibt: Kein Telefon, kein Internet, kein Fernsehen. Es *muss* aber nicht so sein.

Wir haben natürlich Mobilfunkempfang. Für echte Notfälle sind wir erreichbar, aber wir reduzieren auf ein Minimum. Unserer Erfahrung: Während der meisten Hüttenaufenthalte gab es kein einziges Telefonat.

Wir haben auch die Möglichkeit, das Internet zu nutzen. Unsere Lieben daheim wissen um unsere Leidenschaft für diese Art von Urlaub und lassen uns absolut in Ruhe. Ab und an stellen wir ein kommentiertes Urlaubsfoto ins Netz. So weiß jeder, dass wir gut am Urlaubsziel angekommen sind, dass es uns gutgeht und dass wir auch wohlbehalten zurückkommen. In den ersten Jahren habe ich noch fleißig Postkarten geschrieben. Heute ist auch in der privaten Kommunikation das Internet kaum mehr wegzudenken. Es geht also auch „mit" – jeder wie er mag.

Für diejenigen, die gerne einmal Hüttenurlaub ausprobieren möchten, aber noch keine eigenen

Erfahrungen gemacht haben, ist der „Hüttenplaner" am Ende des Büchleins gedacht. Unsere Erkenntnis nach etlichen Aufenthalten in den Bergen: Wir nehmen immer viel zu viel mit! Gerade dann, wenn keine direkte Anfahrt mit dem Auto möglich ist (und das ist nach unserem Geschmack einfach hervorragend!), muss alles per pedes hinaufgetragen werden. Vergessen Sie Koffer und Beauty-Case! Bitte alles in den Rucksack. Planen Sie Kraft- und Platzreserve für die Bettwäsche vom Hüttenwirt mit ein. Wir hatten selbst aber auch schon das Glück, dass die Betten bereits fertig bezogen waren.

Und nicht nur das: Die Hüttenwirtin hat schon eine gute Portion Empathie für jene Gäste, die in den nächsten Tagen und Wochen die Hütte bewohnen werden. Liebevolle kleine Arrangements, sei es die speziell drapierte Bettwäsche, der frische Blumenwiesenstrauß auf dem Esstisch oder Tannendekoration auf den Fensterbrettern in der Weihnachtszeit, zeigen uns stets aufs Neue, wie herzlich wir willkommen sind.

Hüttenplaner für alle, die jetzt Ernst machen wollen

Mehr als zehnmal Hüttenurlaub zu machen bringt jede Menge Erfahrung mit sich, wie man diese Tage am besten organisiert und vor allem: was nehme ich mit?

Nehmen Sie deshalb die nachfolgende Checkliste als groben Anhaltspunkt für Ihr eigene Packliste, denn jeder Mensch hat andere Vorlieben und Anforderungen. Manchmal kann eine ganze Kleinigkeit über Wohl oder Wehe eines Hüttenaufenthalts entscheiden, sei es, dass Ihr erster Gang aufs Klo führt – und es ist kein Papier da.

Checkliste (für 2 Personen / 2 Wochen)

Noch zu Hause regeln

Zeitungs-ABO unterbrechen
Wer leert den Postkasten, gießt die Blumen usw.?

Bekleidung

je nach Jahreszeit
„Zwiebelstrategie"
Nicht so viel!

Pflege + Putzen

Kl. Spülmittel, 2 Küchenhandtücher, 2 Geschirrtücher, 2 Spültücher, Badreiniger

1 Küchenrolle, Taschentücher, 4 Rollen Toilettenpapier, je nach Bedarf feuchte Toilettentücher, Monatshygiene

Müllbeutel groß (Küche) + klein (Bad) + feste Müllbeutel groß für Taltransport, kleine Tube Reisewaschmittel

4 Duschtücher, 4 kleine Handtücher, Waschlappen

Badetasche mit persönlichen Pflegesachen

Duschgel, Deo

alles für die Zahnpflege

alles für die Haarpflege, Fön

Sonnenschutz, Insektenspray

ggfs. persönliche Medikamente, Pille

Erste-Hilfe-Set (Pflaster, Verbandzeug, Salben)

Nützliches

Handy, Radio, 2 Stirnlampen, 2 Taschenlampen, Batterien AA + AAA, Teelichter, Anzünder (Grill, Ofen), Streichhölzer, Feuerzeug, Korkenzieher, Alufolie

Wanderkarten, Kamera (Foto + Film), Fernglas

Spiele, Bücher, Schreibutensilien, Adressliste, Arbeits- und Lesematerial, DVDs

Bei Bedarf: Notebook, Laufwerk, Speichermedien, Internetstick (z. B. A1 für Österreich), Ladekabel

Trinkflaschen, Allzweck-Messer (auch für Wandertouren)

Hüttenspeiseplan

Der Speiseplan unterliegt natürlich ganz besonders den individuellen Vorlieben. Der nachfolgende Wochenplan ist daher nur als Anregung zu verstehen, welche Speisen sich relativ einfach und auch mit begrenztem Kochwerkzeug bewerkstelligen lassen (Frischfleisch bitte auch frisch einkaufen und Verwertungsdauer beachten!). Als Nachspeisen bieten sich Joghurts u. ä. an:

Schinkennudeln + Salat

Bratwurst + Sauerkraut + Brot

Leberkäs, Spiegelei + Bratkartoffeln

Filetmedaillons + Tomate-Mozzarella

Strammer Max + Gurke

Kotelett + Rotkohl + Bratkartoffeln

Nudeln Bolognese + Salat

Geschnetzeltes + Reis + Gemüse

Wiener Würstchen + Brot

Vorräte + Zubereitung (Plan für 2 Wochen/2 Personen)

Kartoffeln (am besten halbfertige Bratkartoffeln, Zubereitung 5 Minuten bzw. Stampfkartoffeln)

Zucker, Salz, Curry, Schnitzelgewürz, Pfeffer, Basilikum, Essig, Öl, Dressing, Zwiebeln, Röstzwiebeln

Gurken, Senf, Zitrone

Salami, Schinken roh/gekocht, Käse, Frischwurst

Brot, Brötchen (zum Fertigbacken), kl. Packung Zwieback, Kekse

Honig, Sirup, 2 Marmeladen, Nutella

3 Becher Margarine, 10 Eier, 2l Milch

3 x 250g Kaffee, Filtertüten, div. Sorten Tee, heiße Schokolade

Lebensmittel nach Speiseplan

Zum Naschen

Bier, Wein (Sekt für besondere Anlässe?)

Fundgrube für Berghütten

(Stand Oktober 2016)

Auf den nachfolgenden Internetseiten gibt es eine große Auswahl an Berghütten im In- und Ausland. Unsere Erfahrungen – speziell mit der erstgenannten Adresse – sind äußerst positiv hinsichtlich Buchung und Abwicklung. Ich bitte dennoch um Verständnis, dass wir für die aufgeführten Anbieter keinerlei Garantien übernehmen.

www.huettenpartner.de

www.berghuetten.com

www.bergsteigen.com

www.huetten-oesterreich-mieten.com

www.almenrausch.at

www.alleshuette.at

www.salzburgerland.com

www.huetten.com